FAITS POUR SURVIVRE

AÏE! Les serpents qui mordent

Alan Walker

TABLE DES MATIÈRES

Un livre de la collection
Les jeunes plantes de Crabtree

CRABTREE
Publishing Company
www.crabtreebooks.com

AÏE! Les serpents qui mordent

Les serpents sont des **reptiles** rampants qui vivent presque partout sur la Terre.

vipère de Schlegel

python vert

Les serpents **constricteurs** s'enroulent autour de leur **proie** et serrent fort.

Un serpent constricteur utilise ses muscles pour serrer sa proie et la tuer.

D'autres types de serpents mordent leur proie. La morsure de certains serpents est mortelle.

crotale des rochers

Il existe plus de 3 000 espèces de serpents sur la Terre. Certains serpents, comme le cobra royal, sont **venimeux**.

cobra royal

Plusieurs serpents mordent pour se défendre.

crotale diamantin de l’Ouest

Les serpents venimeux ont des crochets, qu'ils utilisent pour injecter du venin dans leur proie.

Les crochets des serpents sont creux, ce qui permet au venin de se rendre dans la victime.

La morsure de certains serpents est seulement douloureuse, alors que d’autres peuvent être mortelles.

crotale diamantin de l’Ouest

crotale des bambous

Le venin est un mélange de **toxines**.

Les serpents sont carnivores. Les carnivores sont des animaux qui mangent d'autres animaux.

Les serpents mangent des rongeurs, des grenouilles, des insectes, des oiseaux, des œufs ou d’autres reptiles.

Les crotales font vibrer leur queue en signe d’avertissement.

crotale du Pacifique Sud

Les serpents ont des moyens d’effrayer les autres animaux.

Si tu entends le son d’une « sonnette », reste à distance. Les crotales sont venimeux!

Les cobras étirent les côtes de leur cou, ce qui crée une collerette.

La longueur du cobra royal peut atteindre 18 pieds (5,5 mètres). Il est extrêmement venimeux.

Les cobras changent la forme de leur corps pour sembler plus gros. Ils émettent aussi un puissant sifflement.

cobra royal

GROS PLAN SUR LES SERPENTS

crochets – servent à se protéger et à attraper des proies

squelette – une longue colonne vertébrale et des centaines de côtes rendent le serpent très souple

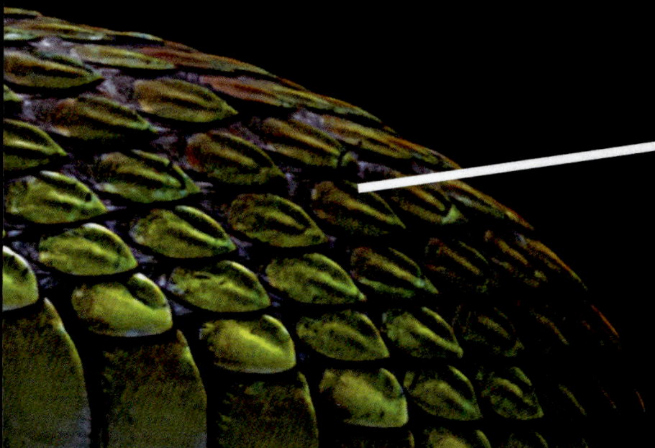

muscles – se resserent pour aider le serpent à bouger

N’oublie pas, les serpents aiment leur espace. Ne coince pas un serpent. Il pourrait se débattre et mordre.

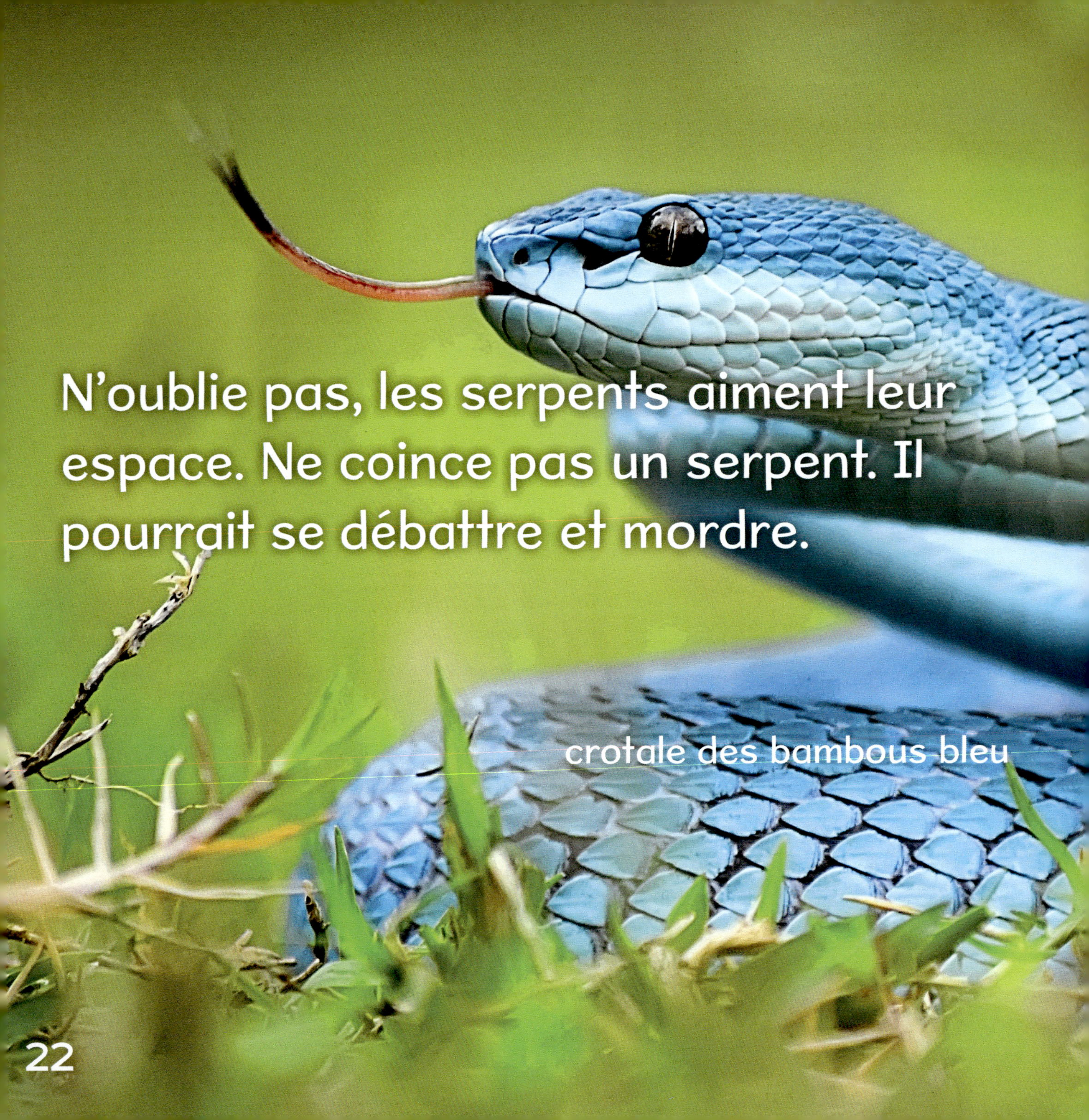

crotale des bambous bleu

GLOSSAIRE

constricteurs (con-stric-teur) : Des serpents qui tuent en s'enroulant autour de leur proie et en serrant jusqu'à ce qu'elle meure

proie (proa) : Un animal qui est chassé et mangé par un autre animal

reptiles (rep-til) : Des animaux à sang froid qui sont couverts d'écailles. La plupart des reptiles pondent des œufs.

toxines (toc-sine) : Poisons

venimeux (ve-ni-meu) : Capable d'injecter du venin au moyen d'une morsure ou d'une piqûre

INDICE

Soutien de l'école à la maison pour les parents, les gardiens et les enseignants

Ce livre aide les enfants à se développer grâce à la pratique de la lecture. Voici quelques exemples de questions pour aider le lecteur ou la lectrice à développer ses capacités de compréhension. Les suggestions de réponses sont indiquées en rouge.

Avant la lecture

- **De quoi ce livre parle-t-il?** *Je pense que ce livre parle des serpents qui mordent. Je pense que ce livre parle de différents types de serpents.*
- **Qu'est-ce que je veux apprendre sur ce sujet?** *Je veux savoir quels types de serpents sont venimeux. Je veux apprendre quoi faire si un serpent me mord.*

Pendant la lecture

- **Je me demande pourquoi...** *Je me demande pourquoi certains serpents serrent leur proie et certains les mordent. Je me demande pourquoi il existe de si nombreux types de serpents.*
- **Qu'est-ce que j'ai appris jusqu'à présent?** *J'ai appris qu'il existe plus de 3 000 espèces de serpents sur la Terre. J'ai appris que les crochets des serpents sont creux pour que le venin se rende dans leur proie.*

Après la lecture

- **Nomme quelques détails que tu as retenus.** *J'ai appris que les serpents mangent des rongeurs, des grenouilles, des insectes, des oiseaux, des œufs et d'autres reptiles. J'ai appris que les crotales font vibrer leur queue en signe d'avertissement pour effrayer les autres animaux.*
- **Lis le livre à nouveau et cherche les mots du glossaire.** *Je vois le mot **proie** à la page 5 et le mot **venimeux** à la page 7. Les autres mots du glossaire se trouvent à la page 23.*

Crabtree Publishing Company
www.crabtreebooks.com 1–800–387–7650

Version imprimée du livre produite conjointement avec Blue Door Education en 2022.

Références photographiques : Couverture © By Marek Velechovsky-Shutterstock.com www.shutterstock.com, www.istock.com. P. 2-3; flukyfluky, Smitt. P. 4-5; ConstantinCornel, AlinaMD, gutaper. P. 6-7; ConstantinCornel, rticknor, Heiko Kiera. P. 8-9; davemhuntphotography, Dmitrii Erekhinskii. P. 10-11; Peter Waters, jakkaphol phothongnak. P. 12-13; dennisvdw, Luis Jimenez Benito, yod67. P. 14-15; LuckyToBeThere, Sergey_Ko. P. 16-17; Federico.Crovetto. P. 18-19; SHipskyy, _jure. P. 20-21; feedough, JasonOndreicka, Macrolife.it, katoosha, Fotocute, N-sky, George Chernilevsky. P. 22-23; BlueRingMedia.

Imprimé au Canada/072021/CPC

Auteur : Alan Walker
Coordinatrice à la production et technicienne au prepress : Samara Parent
Coordinatrice à l'impression : Katherine Berti
Traduction : Annie Evearts

Publié au Canada par Crabtree Publishing
616 Welland Ave.
St. Catharines, ON
L2M 5V6

Publié aux États-Unis par Crabtree Publishing
347 Fifth Ave
Suite 1402-145
New York, NY 10016

Catalogage avant publication de Bibliothèque et Archives Canada

Available at the Library and Archives Canada